कु छ सपने और कुछ अहसास

कविताएँ ही कविताएँ।

BY

अविनाश मोहनोत

ISBN 978-93-5458-189-2

Published in India 2021 by Pencil

A brand of
One Point Six Technologies Pvt. Ltd.
123, Building J2, Shram Seva Premises,
Wadala Truck Terminal, Wadala (E)
Mumbai 400037, Maharashtra, INDIA
E connect@thepencilapp.com
W www.thepencilapp.com

AUTHOR BIOGRAPHY

अविनाश मोहनोत---जन्म ०७/०५/१९६२---जन्म स्थान बीकानेर/स्थानीय शहर---जोधपुर/शिक्षा क्षेत्र---अजमेर---सेंट पाल्स् अलवर गेट, अजमेर/राजकीय महाविद्यालय अजमेर---बी ए (आनर्स) इकोनोमिक्स/एम काम---राजस्थान विश्वविद्यालय जयपुर/एमबीए---इंदिरा गाँधी राष्ट्रीय मुक्त विश्वविद्यालय/कार्य क्षेत्र---लेखा एवं वित्त विभाग,जिंदल स्टेनलैस,हिसार(हरियाणा)/काव्य क्षेत्र में स्व-प्रेरणा से शुरुआत १९८० से---कविता मैं स्वयं लिखता हूँ लेकिन मन को/दिमाग को कौनसी प्रेरणा उद्वेलित कर जाती है यह मेरे लिए आज भी एक रहस्य है।यह प्रथम काव्य-संग्रह उन सभी को समर्पित जो सोते-जागते हर तरह के सपने देखते हैं और रोजमर्रा की जिंदगी में हर तरह के अहसास से सराबोर होते रहते हैं।जय जिन्नेद्र।जय महावीर।chitkit@rediffmail.com

CONTENTS

1---कवि की छवि।

अभी बनी मेरी छवि

है कहाँ ?

अभी बना मैं

कवि हूँ कहाँ ?

अभी पहुंचा कहाँ मैं,

लोगों के अन्तःस्थल में?

अभी जाने कहाँ मैंने,

लोगों के दुख ?

अभी बाँटें कहाँ मैने,

अपने सुख?

अभी बनी मेरी छवि

है कहाँ ?

अभी बना मैं

कवि हूँ कहाँ ?

अभी बनी मेरी छवि

है कहाँ ?

अभी बना मैं

कवि हूँ कहाँ ?

अभी कहाँ हूँ मैं,

लोगों के अन्तःस्थल में?

अभी जाने कहाँ मैंने,

लोगों के दुख ?

अभी बाँटें कहाँ मैने,

अपने सुख?

अभी बनी मेरी छवि

है कहाँ ?

अभी बना मैं

कवि हूँ कहाँ ?

2---कविता।

मैं कविता लिखता हूँ।
हाँ, मैं कविता लिखता हूँ।

कविता, मेरे मन की उपज है,
कविता, मेरे हृदय की समझ है।

यह भी जानता हूँ,
कविता, मुझे अमर बना सकती है
मुझे जिला नहीं सकती।

जीने के लिए तो
जहर की जरुरत होती है।
हर पहर संघर्ष की
जरुरत होती है।
कड़वे घूँट भी पीने पड़ते हैं।

और इन सबसे गुजरने के पश्चात्
कविता मुझे अमृत जान पड़ती है।
मेरे निराश मन को
जीवन की तरफ़,
उत्साहित करती हुई।

3---एक आस।

दिन आज उदास है।

लगने लगी एक प्यास है।

बुझने की दिखती नहीं

कोई आस है।

दिन आज उदास है।

न दूर है, न पास है।

बस, आँखों से होती

एक गुपचुप बरसात है।

दिन आज उदास है।

प्रहार हैं और प्रयास हैं।

और मन कुछ खोकर

फिर - फिर सोचता है

शायद

कहीं कुछ आस है।

दिन आज उदास है।

4---मैं--स्वयं।

जितना अपने को सहेजा

उतना बिखरता गया हूँ मैं।

मुस्कान तो ओढ़ीरखी

पर अन्दर से कहीं

टुटता गया हूँ मैं।

गहन अँधेरे में भी

एक नन्हें चिराग की भाँति

लड़ता गया हूँ मैं।

पर बरसात की

नन्हीं बूंदों से

बुझता गया हूँ मैं।

घोड़े पर सवार तो रहा

पर हमेशा गिरता गया

हूँमैं।

और एक अधँकार की भाँति

स्वयं को निगलता गया हूँ मैं।

5---ऐ मेरे मन।

जीवन के बोझिल
होते जाते क्षण।
जाऊँ कहाँ मैं
ऐ मेरे मन।

तन तो है यहाँ - यहाँ
मन न जाने कहाँ - कहाँ।

राह तो सीधी - सीधी
कदम तो भटके - भटके
न जाने राह के निशाँ - निशाँ।

हाँ, कभी - कभी
सुलग ही तो पड़ता है
तन - बदन,
जब काली - अँधेरी रात
के बाद भी
सुबह का सूरज
नहीं देता है दिखाई।
अब भी बुलाता है
मुझे उन्मुक्त गगन।

जीवन के बोझिल

होते जाते क्षण।

ऊँजौंऊँ कह

ऐ मेरे मन।

6---मानव-जीवन।

मानव - जीवन है अनमोल।
धन्य हैं वे
जिन्होंने जी लिया है इसे,
इसके कु छ पट खोल।

जीवन, राग - द्वेष नहीं
तनाव, मानवता नहीं।
जीवन तो संगीत की
सर्व - प्रवाही धारा है।

इसमें तो धाराएं हैं,
तरह - तरह कीं ।
सुख की / दुख की।
जो बहती रहतीं हैं
सदा निर्विकार।

बदलते रुप / बदलते प्रकार
जीवन का यह रुप
जीवन का यह निखार।

उजाड़ भूमियों को
खुशनुमी वादियों में

बदलने का संकल्प।

और आगे बढते जाने का।

जीवन तो चलते जाना है।

7---सुबह उग आई।

वह था
एक मधुर सपना।
हाँ ! मैंने तुम्हें
अपनी आँखों से देखा था।

नीली - झील की
गहराई थी।
जो तुम्हारी
मदमस्त आँखों में
समायी थी।

बहारों का था जमाना
साथ में काली घटाओं
का घिर - घिर आना।
जैसे तुम्हारी अलकों
का छितरा जाना।

देख तुम्हारे
चेहरे की अरुणाई,
मेरे मन में जैसे
एक सुबह उग आई।

8---मुलाकात ।

वह जिंदगी से थी

मुलाकात नयी - नयी।

कुछ शब्द रहे चुप

कुछ बातें खो गयीं ।

पंख न थे

हवा में उड़ते थे।

कल्पना में गोते लगाते

सपनों में खो जाते थे।

आँखों से होतीं

आँखों की बातें।

मौन अधर पर हृदय को

मथ उठते भँवर।

खिलती - थिरकती

एक मधुर मुस्कराहट।

ओह ! हसीं क्षणों की

बरसात ही बरसात।

आगे बढंता रहा

समय का कारवाँ।

खो गये चाँदी ढ़ले दिन
चाँदी - सी ढ़ली रात।

हाँ ! कल ही तो हुई थी
जिंदगी से
मुलाकात नयी - नयी।

9---जिंदगी।

इस गहमागहमी में
इस गलतफहमी में
कि जीते हैं हम।
हाँ, सच है
किं तु, शायद बनकर
एक जिंदा लाश।

हाँ, भटकते हैं हम
किंतु मृगतृष्णाओं के पीछे।
न जाने, हमें
किसकी है तलाश ?

बस ! हमारा ध्यान नहीं जाता
जीवन की अनगिनत खुशियों पर
छुपी हैं वे हमारी
हृदय की नजरों से।

पुछो ! किसने देखे
खिलते आज फूल पलाश।

जिंदगी की अँधी दौड़ में
बस ! हम दौड़े चले जाते हैं।

अपनी अंह की

ढूँढूभी बजाते चले जाते हैं

और ! बहुत कुछ प्राप्त कर

सब कुछ खो जाते हैं।

10---ऐ मेरे मन।

निराश न हो

ऐ मेरे मन।

चाहे थककर चूर

हो जाये तन - बदन।

माना राह है अंधेरी

पर ऐ मेरे मन

वो गया हार

जिसने उम्मीदों की

रोशनी से नजरें फेरी।

अँधेरों के ये काँटे

तो बदन पर

चुभते ही रहेंगे ।

पर अपने ध्येय

को पाने के लिए

जब हम चले हैं

तो रुके क्यों ?

हम तो चलते

ही रहेंगे ।

निराश न हो

ए मेरे मन।

11---राज-अनजाना।

पल्लू का सरकना

दिल का धड़कना

तुम्हारा और हमारा

यह राज नहीं अनजाना।

हाय ! एक खूबसूरत फसाना

एक हसीं तराना

और फिर

किन्हीं आँखों के सामने से

एक अदा के साथ निकल जाना।

12---समुद्र ।

समुद्र .....

आँसुओं का।

प्रश्न .....

अपने समग्र अस्तित्व का।

सुनहरे अतीत का।

प्रकाश - रहित भविष्य का।

इंतजार .....

बेकरारी से .....

काले बादलों के छँटने का।

कोई अघट घटने का।

समुद्र,.....

आँसुओं का।

13---यादें।

जमाने भर की यादें हैं।

कु छ सुख / कु छ दुख

की बातें हैं।

कुछ कड़वी / कुछ मीठी

यादों की बरातें हैं।

याद आती वे

सुहानी रातें हैं।

चाँदी - से ढ़ले

वे दिन हैं।

कहाँ तक सोचें /

कहाँ तक सुनाये।

कि यादें अनगिन हैं।

हाँ, हृदय में बज उठती

वो जल - तरंग थीं।

आँखों से वो

निर्निमेष ताकना था।

होठों पर बसी एक

प्यारी - सी मुस्कराहट थी।

मन में एक

अजब - सी प्यास थी।

अब वे बनकर रह गयीं

केवल यादें हैं।

14---कल्पना।

कल्पना में तो तुम
अब भी आती हो।
मेरे लिए तो तुम
जन्म - जन्म की साथी हो।

साथ तुम्हारा छूटा
दिल हमारा टुटा
समय ने बनाये रिक्त स्थान
सब सहज बना डाला।

कल्पना में तो तुम
अब भी आती हो।
मेरे लिए तो तुम
यादों की एक
अमूल्य थाती हो।

आँखों में चमक,
हृदय में संगीत - सा
गुनगुना जाती हो।
शीतल बयार के झोंकों - सा,
मेरे मन को तुम अपने साथ
बहा ले जाती हो।

कल्पना में तो तुम
अब भी आती हो।
मेरे लिए तो तुम
एक अदभूत क्रांति हो।

गतिमान समय
अब दूरी को बढ़ाता है।
लेकिन मेरा मन
अब तुम्हारे और
करीब आ जाता है।

कल्पना में तो तुम
अब भी आती हो।
मेरे लिए तो तुम
एक नदी सर्व - प्रवाही हो।

अब छा रही धूँध
घना हो उठा है कुहरा।
डर लगता है कि
तुम्हारी यादों का
अस्तित्व ही न खो जाये।

कल्पना में तो तुम
अब भी आती हो।
मेरे लिए तो
तुम अब बस
सपनों की प्रवासी हो।

15---तुम्हारा इंतजार।

तुम्हारा .....

जीवन - भर इंतजार रहा।

तुमसे मिलने को,

दिल बेकरार रहा।

तुम समझो या

ना समझो, ह

यह मेरा प्यार रहा।

अब तुम्हें मिला

फूलों का हार

और मुझे खाली " हार " ।

मेरी आराधना का

शायद यह उपहार रहा।

तुम्हारा ....,

जीवन - भर इंतजार रहा।

16---स्वतंत्रता।

स्वतंत्रता की तलाश में

यह मुक्त मन।

उड़ने की चाहत में

ठोकर खाता हुआ।

उन्मुक्त नभ को एक

चाहत भरी आँखों से देखना।

अपने को वहाँ उपस्थित पाना।

किन्तुमें बंद ि

ओह ! स्वतंत्र होने की आशा

ही कितनी सुखद है।

अवश्य / जीवन के धरातल

की कठोरता और कटु सत्यता

पर उससे क्या ?

परतंत्रता तो उससे भी

अधिक कष्टकारी है /

अनिष्टकारी भी।

अपने को किसी बंधन में पाना

हमारी प्रकृति में कहाँ ?

उन्मुक्त गगन में उड़ना /

उन्मुक्तता से।

यही तो हमारे जीवन

के मेहराब हैं !!!

17---मोह-भंग।

सपना तो है / केवल एक सपना।
गैरों का हो / या अपना।
रात का हो / या फिर दिन को।
सफेद हो / या फिर हो रंगीन ।

सपना तो है / केवल एक सपना।
के वल एक छलती माया
केवल एक झूठी छाया।
कि नींद का न आना
तो एक बहाना है।
छोड़ें इस रंगीन मोह को
कि हमें बहुत दूर जाना है।

सपना तो है / केवल एक सपना।
मधुर हो या / फिर डरावना।
झूठ नहीं बोलता ?/ किन्तु
सत्य भी कहाँ दर्शाता है।
केवल सुहाना सब्ज - बाग दिखा
हमें मन ही मन हर्षाता है।

सपना तो है / केवल एक सपना।
न कभी रहा है

न कभी रहेगा अपना।

हमेशा टूटता आया है

अब भी टूटेगा।

हमेशा तोड़ता रहा है

अब भी तोड़ेगा मन को।

सपना तो है / केवल एक सपना।

18---हर शाख पर उल्लू बैठा है।

हर शाख पर उल्लू बैठा है
अंजामे - गुलिस्ताँ क्या होगा।

इस धरती पर सुलगता है नर्क
उस पार स्वर्ग होगा एक धोखा।

अपने दो - दो आँसू भी पी लेना
दुनिया के जहर पर भी जी लेना।

यह दुनिया नहीं नादान
समझ, पर न हो परेशान।

नहीं है यहाँ कोई कद्रदान
केवल मिलेगा अपमान।

अब सर पर मँडराती काली छाया
मनुष्य ने कब सुख - गान गाया ?

बागों में फूल कब खिलते देखे ?
यहाँ हर मोड़ पर शैतान हँसते देखे।

बलिदानों का मजाक उड़ता रहा
विनाशकारी गोली का सुना
पाशविक कहकहा।

ईश्वर बहरा है सुना था

किन्तु वह अन्धा नहीं

यह भ्रम भी टूट गया।

आज यत्रँणा के नीचे

काँप रहीं मनुष्य - काया।

बलवान होती जा रही

अजदहे की माया।

हर शाख पर उल्लू बैठा है

अंजामे - गुलिस्ताँ क्या होगा।

19---ओह! ये रिश्ते।

जीवन के सायों में
पनपते ये रिश्ते।

लावा से भरे
सुषुप्त ज्वालामुखी से
फुट पड़ने को तैयार।

पल - पल रंग बदलते
कभी संसार को विनाश
की छाया से आच्छादित
कर देते हैं / तो कभी,
जीवन को / सूर्य की
सुखदायी / सुनहरी और
चमकीली धूप से
भर देते हैं।

कभी तनाव लाते हैं,
और विश्व को एक
शीत - युद्ध में लपेट देते हैं।
और कभी जगाते हैं,
प्यार / ममता / दया और स्नेह।

बना देते हैं स्वर्ग

इस धरती को,

एक कल्पना से भी सुन्दर।

20---रावण।

इस विश्व में

रहते ....

रावण ही रावण हैं।

वे देते ....

भाषण ही भाषण हैं।

इन्तकाम और तबाही का।

अव्यवस्था और त्राही का।

इनकी समाप्ति के लिए

आज कोई

मर्यादा षुरुष राम नहीं।

है नहीं कोई ऐसा

जो इनके विरुद्ध

संघर्ष में / हारे नहीं / थके नहीं

करे जरा सा आराम नहीं।

आज तो राम स्वयं ही

अव्यवस्था का शिकार है।

उसकी मर्यादा कहीं खो चुकी।

बुराइयों और क्रूरता में

कहीं गहरे में डुब चुकी।

आज तो वह स्वयं

इन्तकाम और तबाही से

हो चुका बीमार है।

21---मोड़।

पूछता है

अब हर मोड़।

तुम चले तो नहीं

कुछ छोड़।

हाँ ! कुछ तो

अमूल्य यादों की थाती

कुछ सपनों के बाराती।

स्वयं की छाया

तक को तो छोड़ दिया।

अपनों तक से तो

मुँह मोड़ लिया।

हाँ ! बहुत कुछ छोडा।

बस ! अपने लिए

कुछ न जोड़ा!!!

22---पहेली।

जिंदगी के ये

सूने - सूने पल।

पर निकाल न पाता

मैं कोई हल।

यह जिंदगी लगती

एक पहेली उलझी - उलझी।

जो शायद मुझसे

कभी न सुलझी।

ज़िंदगी के बीतते

जाते पल।

उलझते जाते

हल, हर पल।

23---संभल ओ मानव संभल! (भाग---१)

संभल ओ मानव संभल !
आज घटता जा रहा
मानवता का बल।
टूटता जा रहा
आशाओं का संबल,
हर पल।

संभल ओ मानव संभल !
इस पार / उस पार
जल / थल / और नभ भी पार।
अस्त्रों - शस्त्रों का अम्बार।
सुन उसके नीचे दबी
आहत मानवता का हाहाकार।

संभल ओ मानव संभल !
विनाश की बढ़ती काली - छाया।
हर पल / हर क्षण काल की माया।
पहचान खो चुकी की
कौन अपना / कौन पराया ?

संभल ओ मानव संभल !
सन् १९४५ में भी सुना था

एक पाशविक कहकहा।

तब से अब तक

मानवता ने क्या नहीं सहा ?

अब पूछता है हर मानव,

इस दुनिया में जीने

के लिए क्या रहा ?

23---संभल ओ मानव संभल! (भाग---२)

संभल ओ मानव संभल !

भूखमरी / अनाचार / अन्याय / बेकारी।

बंजर पडी़ जमीनें।

आँखों के सुखते जाते निर्झर।

हरीतिमा की जगह

पतझड़ ही पतझड़।

संभल ओ मानव संभल !

सुन मासूमों की करुण पुकार।

सिर्फ एक बटन दबा और

फिर मौत होगी मालामाल।

किसकी जीत / किसकी हार।

जिंदगी माँग रही होगी भीख

भटकती द्वार - द्वार।

संभल ओ मानव संभल !

अभी भी है समय।

संजो तेरा खोया साहस बल।

किँ पैशाचिक शक्तिय

फिर न कर सकें कोई छल।

तेरे ही पास / तेरे द्वारा ही

बनायी हर समस्या का हल।

मानवता के नाम पर

बस ! तुझे ही करनी होगी पहल।

संभल ओ मानव संभल !

24---भावनाओं का तूफान।

मन में उठता रहा
भावनाओं का तूफान।

ओ ! मेरे हसीं दिलबर
मान न मान
अभी भी तुम ही हो
मेरे दिल के मेहमान।

हर पल / हर क्षण
मेरे दिल में रहता है
तुम्हारा ही नाम।

हाँ ! मेरा प्यार था अनाम।
घाटियों में गूंजता
हवाओं में बहता
बस ! में सुनता रहा
सिर्फ़ तुम्हारा ही नाम।

अनेक बार में पीछे
मुड़ कर देखता हूँ।
और तुम्हें भूलने की बजाए
तुम्हारा ही नाम
फिर - फिर ले लेता हूँ।

हाँ, मैं बिलकुल

सच कहता हूँ।

आज भी कई बार

मैं भावनाओं में बहता हूँ।

25---शांति के आयाम।

कभी - कभी मैं सोचता हूँ,

कि शान्ति के प्रयासों

के प्रति हमारी निष्ठा का

केवल यही है आयाम।

कि रंगीन गुब्बारे उडा़ देना।

शान्ति - दूतों को चारों तरफ फै ला देना

शान्ति का संदेश लिए और

शान्ति के प्रयासों की घोषणा पर

तालियों की गड़गडा़हट।

या सिर्फ हम निभाये जाते हैं

एक रस्म।

कि अनंत युगों तक फैली

अशान्ति व अनाचार के मध्य

फँसी बेबस मानवता का

एक सहज प्रयास

शान्ति के साथ

कुछ क्षणों को सार्थक

रुप से जी लेना।

26---जहर हर पहर।

हवा में घुलता
जाता है जहर।

साँस भी लेना है दूभर
अब तो हर पहर।

हवा / जल / मिट्टी
सभी पर तो गिरा
यह कहर।

विकास की अंधी - दौड़ में
भागते ओ मानव
जरा ठहर।

अगर कर नहीं सका
इसका संहार,
तो सारी मानवता
करेगी हाहाकार।

बढ़ता जा रहा
इसका प्रलयंकारी आकार।

रोक सके तो रोक
निकट आ चुका
विनाश का कगार।

27---अन्नत यात्रा ।

यात्रा तो अन्नत है

चलती रहेगी।

रुके गी शायद

जहाँ जीवन - शक्ति चूकेगी।

लेकिन एक जीवन पर

नहीं निर्भर

अन्नत यात्रा का पथ।

अनेक जीवन लेकर

फिर भी बढ़ रहा होगा

उसका रथ।

28---दस्तक।

दस्तक !

सफलता के द्वार पर।

दे रहे

कब से।

उलझन में

कब तक ?

द्वार तो शायद खुलेगा

सफलता तो शायद मिलेगी ?

लेकिन क्या / तब तक

जीवन - शक्ति भी बचेगी ?

29---मंजिल है निकट।

सूरज की तरह उठो
चंद्रमा की तरह अपनी
शीतल किरणें बिखरा जाओ।

तूफान की तरह चलो
समय की रेत पर
अपने पद - चिन्ह छोड़ जाओ।

हारो न थको
मुश्किलों में भी
मुस्कराओ।

हाँ ! अब मंजिल है निकट
चाहे संकट हो
कितना ही विकट
बढ़ते चलो।

30---पतझड़।

पतझड़ की अभी

जरुरत कहाँ।

हरितिमा को

फैलने तो दो।

उजाड़ सुनापन

किसे अच्छा लगेगा।

बागों में बहार

आने तो दो।

पेड़ों से पीले पत्तों

का गिरना कै सा।

हरे पत्तों को

लहलहाने तो दो।

धरती सज तो जाती है

गिरे पीले पत्तों से।

पर अब उनकी

जरुरत कहाँ ?

31---जीवन-परिभाषा।

जीवन क्या है ?

घटनाओं का तानाबाना।

किसी का आना / किसी का जाना।

कुछ खोना / कुछ पाना।

कुछ सुख / थोडे दुख ।

कहीं हर्ष / कहीं शोक।

कहीं भुखमरी / कहीं भोग।

कहीं खुशहाली / कहीं रोग।

कहीं भगवान / कहीं शैतान।

कहीं खुशी और कहीं

टूटे उजड़े अरमान।

जंगल में मंगल ।

कहीं बस्ती बियावान।

कु छ सम्मान / कु छ अपमान।

कभी भटकते हुए

सही लक्ष्य पर पहुँच जाना।

ुँकहीं लक्ष्य पर पहुँचते - पह

भटक जाना।

कहीं मर कर जी उठना

कहीं जीते जी मर जाना।

कभी कहीं कु छ जाना - पहचाना

कभी सब कु छ भूल जाना।

सब कुछ जान कर भी अजाना।

के वल शब्दों का तानाबाना।

यह जीवन अनजाना।

32---यह दुनिया अजब-निराली।

यह दुनिया अजब - निराली।
कभी बहाती अमृत - धारा।
कभी पीने को देती/जहर की प्याली।

कभी जीत / कभी हार
कभी प्यार / कभी प्रहार।
कभी चैन / कभी हाहाकार।

आँधी - तूफानों में भी चलते जाना।
पर्वतों को भी मटियामेट कर देना।
और लघु - बाधाओं के
सामने हार जाना।

इतनी रंग - बिंरगी / विचित्र
पल में बदलते जाते रंग।
कुछ जुड़ते / कु छ छूट जाते
साथ संग।

क्रूरता के आगे/बन जाना चट्टान।
प्यार के आगे/मोम - सी पिघलन।

मरु में भी खिलते हैं फू ल।
और बगिया में भी कभी - कभी
दिखते हैं शूल।

कभी आता पतझड़

कभी लहलहाती हरियाली।

चारों ओर बरसती

खुशहाली ही खुशहाली।

कभी होती है बर्बादी।

सिर उठाती हैं

शक्तियाँ अवसरवादी।

एक वरदान / सौगात लिए

हर पत्ता / हर डाली।

यह दुनिया अजब - निराली

33---मन की उमंग।

मन में उमंग

दिल में तरंग।

सपने देखे

जैसे बिखरते जाते

होली पर कई रंग।

कभी अके ले / कभी संग

सपनों को लेकर

कभी करते रहे

स्वयं से ही जंग।

कई बार हुआ

रंग में भंग।

कई बार छूटा

मनचाहा साथ - संग

जिंदगी भी बहती रही

जैसे कटी पतंग।

सपने देखने की

फिर भी रही

मन में उमंग।

34---इतिहास के पन्नों से।

ऊँची - ऊँची हैं मीनारें।

इन्हें बनाने वाले

आज कितने छोटे रह गये।

चल न सके समय के साथ

इतिहास की धारा के साथ

न जाने कहाँ बह गये।

[illegible] थी धरा

इनके पदचाप से।

आज हँसता है इतिहास

इनकी दास्तानों को

अपने पन्नों पर छाप कर।

कभी इन्होंने भी बहायी थी

खून की नदियाँ।

आज इन्हीं के खून से सनी

कितनी हँसती सदियाँ बीत गयीं।

सर झूकाया करते थे

जन इनके सामने।

काल की पुकार पर,

इन्हें भी पड़ गये

अपने कदम थामने।

कभी इन्होंने भी
उजाड़े थे चमन।
चला था इनका भी
चक्र - दमन।
त्रस्त जन की आहों ने
फिर एक दिन कर दिया
इनकी चिता का भी शमन।

कभी इन्होने भी
छीना था चैनोअमन।
पर अपनी क्रूरताओं
में ही एक दिन
ये हो गये दफन।

35---इतिहास।

इतिहास।

गले में मूँडमाल।

हाथों में / खून से

सनी तलवार।

सिर पर

हीरों का ताज।

इतिहास।

वीरता और क्रूरता।

कायरता और भगोड़ापन।

देश - भक्ति और देश - द्रोहिता।

इतिहास।

लालच और लालच।

आलस और जहालत।

अदावत और अदालत।

रक्षा और शहादत।

इतिहास।

लाल गर्म लहू से

सिंदूर - भरी मांग ।

अधूरे रह गये

मानवीय - अरमान।

व्यंग्य मुस्कान बिखेरते

राजसी - फरमान।

इतिहास।

किसी तवारिख के आसपास।

कहीं मन उदास

कहीं निराश-उदास।

दास्ताने-तबाही

त्राही और त्राही।

इतिहास।

कोई आबाद

कोई बरबाद।

कहीं कोई

नेपोलियन-हिटलर।

कहीं कोई

कोलम्बस-सिन्दाबाद।

इतिहास।

कहीं दूर से उठती

धर्म-रक्षा की आवाज।

आकाश में घूमती

खोजी आँखें।

कभी आँखों में घुसती

गर्म-लाल सलाखें।

इतिहास।

36---आँसूओं की भाषा।

आँसू क्या
जल की
चंद बूँदें नहीं ?
या है मन की
मौन अभिलाषा।

भावनाओं को
आँखों के माध्यम से
जल के रुप में बहा
दे जाते हैं शायद
फिर से जीने की
एक नयी अभिलाषा।

37---स्वागतम।

एक जिंदगी का उदय।

एक नाटक की शुरुआत।

एक कहानी का प्रारम्भ।

एक कविता का जन्म।

संसार के रंगमंच पर

एक और पात्र का आगमन।

हो सकता है

किसी सदआत्मा का पुनरागमन।

स्वागतम।

38---हिरोशिमा!

हिरोशिमा !

मानव से

उसकी खुशियों

को छीना।

क्रूरता से

हँसकर कहा

ज़िंदगी - भर

अब जहर पीना।

कभी मत

चैन से जीना।

जिंदगी - भर

रोते रहना।

रोते - रोते

मर जाना।

इतिहास के

एक और पन्ने

को भर जाना।

39---कोई ऐतबार नहीं।

इस रंग - बिरंगी दुनिया का

अब कोई ऐतबार नहीं।

इस दुनिया को

किसी से मोह नहीं

किसी से प्यार नहीं।

किसी का किसी से

कोई सरोकार नहीं।

इस रंग - बिरंगी दुनिया का

अब कोई ऐतबार नहीं।

अब बहती किसी के लिए

कोई स्नेह - धार नहीं।

स्वयं के हाहाकार का

कोई आकार नहीं

कोई प्रकार नहीं।

इस रंग - बिरंगी दुनिया का

अब कोई ऐतबार नहीं।

जीने के लिए

अब यह सँसार नहीं।

सम्मान नहीं / सत्कार नहीं।

जीने का सामान नहीं।

इस रंग - बिरंगी दुनिया का

अब कोई ऐतबार नहीं।

रंग नहीं / संग नहीं

जीने का कोई ढ़ंग नहीं ।

जीने की कोई उमंग नहीं।

मिटती जाती हस्ती

की अब कोई गम नहीं।

40---जिंदगी एक गजल।

जिंदगी एक गजल।

घटनाओं की हलचल।

लम्हों की चहल - पहल।

चल सके तो साथ चल।

ढूँढ़ता चल / इस उलझी

जिंदगी के हल।

हर क्षण, हर पल

दूसरों के भाग्य

पर मत जल।

दुनिया के गमों को

सहता चल।

हँसता चल

मुस्कराता चल।

गाता जा

जिंदगी की गजल !!!

41---यह दिल आबाद हो।

बहारें ही बहारें हों।
सितारे ही सितारे हों।

नजारे ही नजारे हों।
पुकारे ही पुकारे हों।

किसी की याद हो।
कोई आसपास हो।

किसी का संग
किसी का साथ हो।

आँखों ही आँखों में
कुछ गुपचुप बात हो।

मेल - मुलाकात हो।
खुशियों की बरसात हो।

यादों की बारात हो।
यह दिल आबाद हो।

42---सहर्ष।

जीवन।

दुख।

पतन।

संघर्ष।

फिर भी,

सुख के

कुछ

सार्थक क्षणों का

स्वागत,

सहर्ष !!!

43---सपनों की महफिल।

सपनों की एक

सजायी थी महफिल।

सपने तो उड़ गये

कपूर की मानिंद।

महफिल भी है

आज हम से गाफिल।

अब हम न जाने

किस बेजान राह के हैं राही ?

सुबह का तो पता नहीं

हाँ ! गहरी होती जा रही है

रात की स्याही !!!

44---जीवन के लक्षण।

अजीब हैरानी है !

जीवन में जीवन

के लक्षण नहीं।

सिर्फ जीने की

आपाधापी है !

जीना हैं

इसलिए जीते हैं।

बाहर से भरे हुए

पर अन्दर से

बिल्कुल रीते हैं।

दूसरों का क्या

अपना गम भी

नहीं पी पाते हैं।

आज इस दुनिया में

दुख में तो क्या

सुख में भी

चैन से नहीं

जी पाते हैं।

45---मनुष्यता की तलाश।

खो गयी है मनुष्यता

आज हम उसे तलाशें।

वरना उठता रहेगा धूँआ - धूँआ

गिरती रहेंगी लाशें।

घुटता रहेगा दम

घुटती रहेंगी ये साँसें।

बदुंकों की शक्ति पर

खेला जाता रहेगा जुआ।

शान्ति स्थापित करने

के प्रयासों में

उल्टे पड़ेगें सब पासें।

निरीह मानवों के

आज टूटे हैं सपने।

कौन जोड़ेगा आज उन्हें

जब अपने ही न रहें हैं अपने।

46---तलाश अस्तित्व की।

मुझे अपने अस्तित्व
की तलाश है।

एक जड़ पाषाण बन
वह जीवन की तलहटी
में कहीं छिपा पड़ाहै।

मुझे उसे तराशना है।
उसमें विभिन्न रंग भर
जींवितता लानी है।

मुझे उसमें बल
भर देना है।
जीने का संबल
भर देना है।

मुझे उस रोशनी
की तलाश है,
जो गहन अँधकारपूर्ण
पथ में भी
मार्ग प्रशस्त करती चले।

मुझे अपने अस्तित्व
की तलाश है।

47---शोर!

शोर ! शोर ! और शोर।

डुबती - उतराती
मिलती - जुलती
अनेक आवाजें।

ये शोरोगुल
अपनी - अपनी ढ़पली
अपना - अपना राग।

फिर क्यों नहीं होगा
इस दुनिया से वैराग।

व्यर्थ के
सवाल - जबाव।

चीखती - चिल्लाती
आवाजें ही आवाजें।

न मालूम
क्या कहती हैं ?
किसको कहती हैं ?
सुनने वाले तो
बहरे हो चुके !!!

48---वेताल।

हम ढोते हैं
अपनी लाश
अपने कंधों पर।

जिंदगी - भर
मरने के बाद
भी तो
हमारी यह लाश
मरती नहीं है।

दूसरों के कंधों
पर लटक जाती है
वेताल की तरह।

हर बार एक
नयी कहानी की
शुरुआत करते हुए।

49---रंग और तस्वीर।

रंग बदलते रहे।

तस्वीरें बदलती रहीं।

कुछ साये न जाने

कहाँ छूट गये।

कुछ साथ चलते रहे।

कुछ साथ चलने को

मचलते रहे।

कुछ सपने बिगड़ते रहे।

कुछ सपने बनते रहे।

कुछ अरमान जन्मते रहे।

कु छ अभावों में

दम तोड़ते रहे।

कु छ मौन रहकर भी

न जाने क्या कहते रहे ?

जज्बातों में भी

कभी बहते रहे।

जुल्मों - सितम भी

तो सहते रहे।

रंग - भरी तस्वीरें

बदलती रहीं।

तस्वीरों के रंग

बदलते रहें।

50---जीना तो चाहते हैं।

जीना तो चाहते हैं
पर जियें किस तरह।

भीड़ के निरन्तर
बढ़ते सैलाब में
हम अपना अस्तित्व
भी खो बैठे हैं।

निर्दयता से कुचले
जा रहे हैं।
साँस लेने के लिए
भी जगह नहीं बची है।
आँख खोल तक के
तो देख नहीं पा रहे हैं।
हाँ! जीवन की अनुभूति
तो होती है।
पर सब व्यर्थ।

घेरा तो और
बढ़ता जा रहा है।
मन तो और
बुझता जा रहा है।

मरना तो चाहते हैं
पर मरें किस तरह !!!

51---पल-अनगिन।

दिन नहीं / रात नहीं

ज़िंदगी की कोई बात नहीं।

चिन्ता से मुर्झाया वर्तमान

बीते समय का भूत

भविष्य की बात सही।

दिल आहत

हँसी नदारद।

चिंताओं को

पहले से झूकी

पीठ पर ढ़ोते।

हम जिंदगी भर

रहते हैं रोते।

खुशियों के

छोटे - छोटे पल

बस जाते

हैं छिन।

ध्यान से देखें

तो यही होते

है अनगिन।

52---मन उडा़ उपवन।

तारों की छाँव

अँधेरे की छिटकी स्याही।

चँदा की चाँदनी भी

जिसे छुपा नहीं पायी।

फिज़ा खामोश

बहती शीतल बयार।

मन की कैद

है कोई आगोश।

निद्रा का आगमन

आँखें हो रही मदहोश।

रात्री की शीतलता

समाती जाती है

मन - मन में।

मन न जाने

उडा़ जाता है

किस उपवन में !!!

53---विलग राहें।

राहें अलग - अलग हैं।
दिल भी विलग हैं।

दूसरों के अस्तित्व
से अनजान।
अब कौन / किस के
लिए विकल हैं ?

अनजान से चेहरे
अनजान सा व्यवहार।
दूसरों को देख
अब दिल भी तो
नहीं करता हाहाकार।

भूल गये हैं वे दिन
जब किन्हीं सम्बन्धों
ने लिया था आकार।

दुनिया की भीड़ में
शामिल हो चलें।
वे अपनी राह चले
हम अपनी राह चलें।

54---तुम्हें ही समर्पित।

तुम्हारा नाम याद कर
ही जी लेगें।

तुम्हें सपनों में ही
छू लेगें।

तुम्हारे न मिलने का
गम, यूँ ही पी लेगें।

अब तुम्हें न देखेंगे।
अब तुम्हें न जानेंगें।

किसी एक भीड़ में
गुम हो जायेंगे।

तुम्हें अब न ढूंढेंगे।
किसी एक पथ पर
अकेले ही चलते चलेंगे।

अब न हंसेगें।
अब न मुस्करायेगें।

तन्हाईयों को ही
अपना साथी बनायेंगे।

55---जीवन की शाम।

जीवन की शाम

ढ़ल रही थी।

दिल में तमन्नायें

मचल रहीं थीं।

मानो या न मानो

जानो या न जानो

तुम्हारा ही सहारा था

जो बहुत याद आ रहा था।

जीवन एक सपना

तुम जीवन की कल्पना

तुम्हारी यादों में

जीवन गुजर रहा था।

बुझती जाती / जीवन की प्रीत।

तुम ही तस्वीर / तुम ही रंग ।

तुम्हारे नाम से

दिल में आती उमंग ।

सपनों में सजाया था।

दिल में समाया था।

आँखों की चमक भी

तुम्हें ही बनाया था।

तुम्हारे नाम का मेला

मन में है फैला।

फिर भी जीवन के / पथ पर

चलते जाना है अकेला।

दिल में तमन्नायें

मचल रहीं थीं।

जीवन की शाम

ढ़ल रही थी।

56---तुम एक बीती कविता हो।

तुम एक बीती कविता हो।
काल के धुँध में छिपी हुई।

बना तो दिया तुम्हें अपने मन में।
छाप न सका कोरे ह्दय - स्थल में।

इतिहास के पृष्ठों पर मेरी रचना को
समय के संपादक ने अस्वीकृत किया।

इस त्रासदी को हमने अब तक जिया।
इस गम को हमने आज तक पिया।
तुम्हें सदा के लिए जो खो दिया।

मेरे अन्तःस्थल में छिपी हुई
तुम एक बीती कविता हो।

57---ओ! हवा

ओ ! हवा

यह तो बता

उदास है

आज क्यों फिजाँ ?

उड़ा- उडा रंग

जड़ता

क्यों छा रही ?

है चुप आज

यह फिजाँ

क्यों नहीं गा रही ?

58---सदा के लिए।

छोटे, बड़े हो जाते हैं

बडें, काल के ग्रास बन जाते हैं।

नयी कोपलें भी फूटती हैं।

और पीले पत्ते भी झर जाते हैं।

समय गुजर जाता है

और एक दिन ....

हम सब मर जाते हैं।

जीवन - रुपी वृक्ष से

सदा के लिए झर जाते हैं।

सिमट जाता है

चन्द किस्से - कहानियों में

गीतों और कविताओं में

हमारा लिखे गये

अन्तहीन संघर्षों की गाथाओं में

हमारा अस्तित्व।

और खो जाता है

हमारा व्यक्तित्व

सदा के लिए।

59---पाषाण।

हे ! मानव मूर्तिकार

अब जीवितंता न भरो

पाषाण की मूरतों में।

आज तो मानव - हृदय

ही पाषाण हो चुका है।

और तुम तराशो

उन गिरी - पडी़ /

अधजली लाशों को।

जो सदियों से

मानव - हृदय की

पाषाणता की शिकार हैं ।

शायद वे अपनी

व्यथा सुना सकें ।

जानवर हो चुकी

मानवता को शायद

नयी राह दिखा सकें ।

हे ! मानव मूर्तिकार

पाषाण मूरतों को

मत करो स्थापित

सड़कों / चौराहों पर।

पाषाणित मानव - मन में
मानवता की मूर्तियों को
स्थापित कर सको तो
उठाओ अपनी हथौड़ी- छेनी
और ध्वस्त कर दो
मानव - मन में बैठ गये
निर्जीव - निर्दयी ठंडे पाषाण को।

60---संवेदना की विडंबना।

यह कैसी विडंबना ?

कहीं खो गई संवेदना।

यही है हमारे विश्व की

अंतर्वेदना।

नष्ट नहीं होता

बुराइयों का दानव।

पर जल रहा

(न जाने कौन सी आग में (?))

हाड़ - माँस से बना

संवेदना से भरा मानव।

कहाँ खो गयी

धर्म - शास्त्रों की प्रेरणा ?

क्यों जड़ हो गई

सभ्य मनुष्यों की चेतना ?

हमारे हृदयों को मथती

बस ! एक यही वेदना !!!

61---हरित आवरण।

प्रकृति की एक धरोहर अनुपम
हरा करते वे धरा के तम।

वर्षा - भरे बादलों को आमत्रंण
धरा पर स्वर्ग - आरोहण का आयोजन।

सूर्य - देव के कोप का संहार
नदी - कू ल खड़े ये हरित - सँस्कार।

अनेक आकार / अनेक प्रकार
भेद - भाव का ये कहाँ करते विचार।

सजग प्रहरी बन ये खड़े
ऊंचे बर्फ ढ़के पहाड़ों तले

प्रकृ ति इन्हें देख मुस्कराती है
भूमि भी तो इनसे बँध - बँध जाती हैं।

रेगिस्तानी समस्याओं का निराकरण
शान्त - मनोहर - रमणीय वातावरण।

आँखों के सामने पडा़ एक
शीतल - गहन हरित - आवरण।

62---तुम क्रान्ति कर दो ना!!!

तुम बम बरसाओ ना।

तुम गोलियाँ चलाओ ना।

मानव - मात्र को त्रस्त कर रहीं

दानवी बुराइयों पर।

तुम आतंक फैलाओ ना।

तुम लूटो और जलाओ ना।

मनुष्यता को रौदंती

धार्मिक व्यवस्थाओं को।

तुम नारे लगाओ ना।

तुम घेराबंदी करो ना।

विश्व को काली - छाया

से ग्रस्त करती

मनुष्य की ना - समझी पर।

तुम शोर मचाओ ना।

तुम लड़ते जाओ ना।

जीवन को मृत्यु की ओर ढ़केलती

विनाशकारी बाधाओं से।

तुम असहयोग करो ना।

तुम धमकी दो ना।

मनुष्य की असहायता का मजाक उड़ाती

अन्यायी - अत्याचारी व्यवस्थाओं पर।

तुम क्रान्ति कर दो ना।

तुम विश्व - व्यवस्था बदल दो ना।

(कि) समानता और अधिकार एक नारा हो

सबके लिए यह जग सारा हो।

तुम मुस्कराते जाओ ना।

तुम विजय - दुँदुभी बजाओ ना।

जिंदगी

समझ न पाते
जिंदगी के अर्थ।

लगती यह जिंदगी
कभी तो व्यर्थ।

सोचो मत / चलते जाओ।
रुको मत / निभाते जाओ।
जिंदगी के फर्ज।

जिंदगी के सामने पाते
अपने को कितना असमर्थ।

यही है शायद
जिंदगी जीने की
आखिरी शर्त।

64---अब क्या

अब क्या ?

जब सब कुछ
बीत गया / रीत गया।
सदा के लिए / खो गया।

फिर निकल पड़ना
कुछ ढूंढ़ने / कि चलो
खंडित अरमानों के
कु छ खंड़हर ही
हाथ आ जायें।
मुर्दा - दिलों को
फिर से जिला जायें।
मुर्झाती जिंदगी को
अमृत पिला जायें।

और यह बता जायें
कि जिंदगी जीने के
लिए है।
हार और निराशा से
पराजित हो / मुर्झाने
के लिए नहीं।

65---केवल इन्सान बनो।

तोड़ें मजहब की दीवारें।

देवत्व का चोला हम उतारें।

के वल इन्सान बनें रहें।

बंदूकों की छाँव से हटकर।

शैतानों की टोली से छिटककर।

इन्सानियत की बोली बोलते रहें।

रक्त की नदी में क्यूं तैरे ?

क्यूं लगाये इन्सानी - जज्बातों पर पहरे ?

इन्सानियत के उच्च - शिखर पर ही ठहरें।

अन्याय का हो डेरा।

या अज्ञान का हो अन्धेरा।

लायें ज्ञान का सवेरा।

यह संसार न मेरा / न तेरा

हमारी अन्नत यात्रा का एक डेरा।

हमें चले जाना कहीं दूर अके ला।

फिर क्यों रहे हमारे मन में

मनो - मालिन्य का मेला।

66---अधर्मी-धर्म।

हम सब देख रहे

धर्म की अधर्मिता।

खतरे में पडी

नारी की अस्मिता।

खो चुकी हमारे लिए

प्रगति की दिशा।

अब शेष न रहा

नैतिकता का निशाँ।

चारों ओर बिखरा पडा

साप्रँदायिकता का विष।

और इन सबके मध्य

जन - साधारण रहा पिस।

घोर है आश्चर्य

इस विश्व - अराजकता को देखकर

आज चुप क्यों है ईश् ?

कर रहा आवाज

बेईमानी का नगाडा।

ईमानदारी ने युगों से

किसका क्या बिगाड़ा?

हाथ सिक रहे

दूसरों की आग पर।

पूँजी की किस्मत चमक रही

श्रम के भाग पर।

मच रहे दंगे

खेली जा रही होली (खून की)।

बोलो / सोचो इन बीच में

कौन सुनेगा / कौन गुनेगा

बुद्ध / महावीर की बोली ?

67---वह हसीं ख्बाव।

देखा एक हसीं ख्बाव।
तुम थे कहीं
मेरे आस - पास।

विश्वास नहीं था
इतनी जल्दी खत्म
हो गई
मेरी यह तलाश।

तुम्हें सामने पाकर
मन में था
एक असीम उल्लास।

और आँखें थीं
आह्लादित देखकर
प्रखर सूर्य का
अप्रतिम प्रभास।

68---फूलों की मुस्कान।

क्या तुमने देखा है

फूलों का मुस्काना ?

कडी़ धूप में रहकर

खिल - खिल जाना।

फैला कर अपनी सुगंध

इस जग का संताप हरना।

[illegible]ों के संग झूम - झूम कर

इस धरा को स्वर्ग बनाना।

और समय आने पर

चुपके से अलविदा कह जाना।

समय - प्रवाह के साथ

सर्वदा के लिए बह जाना।

69---जीवन-प्रवाह।

जीवन की नदी
सुख - दुख से लदी
दिखाती अपने रंग
प्रवाहमान रही
सदी दर सदी।

फै ला रहा इसके सामने
समस्याओं का सागर
संघर्षों की शिला।
बस ! यही तो
जिंदगी को जिंदगी
से रहा गिला।

और दुख इस बात का कि
जो चाहा, वो न मिला।
और जो कुछ मिला
उससे न कभी मन खिला।

बस ! जिंदगी का यही
एक रहा सिलसिला।
फिर भी उठती - गिरती
प्रवाहमान रही यह निर्विकार।
चाहे कुछ मिला या न मिला !!!

70---बँधा नीलाकाश।

कभी तो मन भी

होता है निराश।

कभी तो टूट भी

जाती है आस !

कभी तो मुरझा भी

जाते हैं मन के पलाश।

कभी तो देखनी भी पड़ती हैं

आशाओं - आकांक्षाओं की लाश।

कभी तो रहती भी है

काल की तलाश।

कभी तो चाहते हैं

न हो प्रकाश।

कभी तो बहुत

बँधा लगता है

फैला नीलाकाश !!!

71---अलविदा दिवस।

अम्बर पर छाये मेघ।

मेघों पर है लाली।

लालिमा बिखेरता सूरज

देखो, अब जाने की

कर रहा तैयारी।

पक्षी चले लौट / नीड़ की ओर

कहीं छुप गया है / जैसे शोर।

सुने पड़े / हर पत्ता - हर डाली

सांझ होती जा रही अंधियारी।

घरों में जलने लगे दीप।

सितारों की छायी रोशनी।

धरा पर शीतलता

बिखरा रही चाँदनी।

72---आत्म-स्वीकृती।

हमेशा में चलता रहा हूँ।

समय के साथ / बदलता रहा हूँ ?

लक्ष्य के लिए / मचलता रहा हूँ ?

हमेशा में चलता रहा हूँ।

ूँकभी बिना लक्ष्य / बढ़ता रहा ह

ुँकभी लक्ष्य पर पह

ूँठिठकता रहा ह

हमेशा मैं चलता रहा हूँ।

समस्याओं से उलझता रहा हूँ।

असफलताओं पर उबलता रहा हूँ।

हमेशा मैं चलता रहा हूँ।

मधुर कल्पनायें करता रहा हूँ।

किसी के लिए आहें भरता रहा हूँ।

हमेशा में चलता रहा हूँ।

स्वयं पर पिघलता रहा हूँ।

कभी दूसरों से जलता रहा हूँ।

हमेशा में चलता रहा हूँ।

कभी मैं हँसता रहा हूँ।

कभी मैं रोता रहा हूँ।

हमेशा मैं चलता रहा हूँ।

ूँबीती बातों में डुबता रहा ह

भविष्य के लिए डरता रहा हूँ।

ूँहमेशा मैं चलता रहा ह

ठोकर लगने पर संभलता रहा हूँ ?

फिर भी अपने को छलता रहा हूँ ?

हमेशा में चलता रहा हूँ !

हमेशा मैं चलता रहा हूँ !

73---तुम्हारा नाम।

जितना भूलना चाहता हूँ

उतना ही याद आ जाता है

तुम्हारा नाम !

जितना मिटाना चाहता हूँ

उतना ही उभर कर आता है

तुम्हारा नाम !

जितना दूर जाता हूँ

उतना ही पास आ जाता है

तुम्हारा नाम !

जितना कम सुनना चाहता हूँ

ूंअतजातहीहैा

तुम्हारा नाम !

74---मन की उड़ान।

यह तो मन
की उडा़न है।

कभी होती खुशी।
कभी छा जाती
बेतरह उदासी है।

कभी तो युगों तक
साथ चलते
रह सकते हैं।
कभी क्षणों मैं
बीत जाते हैं।

कभी तो भरे - भरे
रहते हैं।
कभी न मालूम
क्यों रीत जाते हैं ?

कभी मानते हार।
कभी तो जीत भी
मनाते हैं।

कभी न मालुम
किसके इंतजार में

जगे रहते हैं।

और कभी तो

हमेशा के लिए

सो जाते हैं।

75---विश्व-मानचित्र।

आओ, हम विश्व का
एक नया मानचित्र बना दें।
उसे झीलों/नदियों/झरनों
और महासागरों से सजा दें।
इस हरितिमा धरती को
स्वर्ग समान वादियों में
बदलते जायें /बदलते जायें।

मजहब/जाति/रंगों
के अशुभ रंगों को मिटा दें।
देशों और महाद्वीपों की
सब सीमायें मिला दें।
आपस में लड़ रही दुनिया को
शांती से रहना सिखा दें।
यह प्यारी-धरा सबकी है
यह आज हम दुनिया को दिखा दें।

मानव-मात्र की भविष्यत
पीढियों के लिए
यह धरा वसीयत में लिखा दें।
आओ, हम विश्व का
एक नया मानचित्र बना दें।

76---सार्थक आभास।

चल रही मदमस्त हवा।

लगता है खुश आकाश।

धरती पर बिखरी हरियाली

देते हैं मुझे

विश्वका आभास।

मैं जानता हूँ

नभ् की नीलिमा

(और)/धरती की हरितिमा

के पीछे छिपी हैं

संत्रास और अशाँति

भ्रम और भ्रांति ।

पर इस एक पल में

चुप है आकाश।

मुस्करा रही है धरती।

और पल-पल अशान्ति

और युद्ध से घिरे

इस सम्पूर्ण विश्व में

यह एक पल

कितना सार्थक लगता है।

मैं जानता हूँ/

नभ के नीलाभ को

भय के काले बादल

घेर ही लेंगे।

धरा की हरियाली को

घातक किरणें सोख लेंगी।

और मैं भी तो......

किन्तु हँसी-खुशी

का यह एक पल

फिर भी मेरे मन में

सार्थक हो उठेगा।

और भय व सँत्रास

के क्षणों में

ठठाकर हँस पडेगा !!!

77---आदमी की तलाश।

आज आदमी को

हम कहाँ तलाशें।?

जहाँ वह रहा

करता था

वहाँ तो बिखरी

पडी़ मिलती हैं लाशें।

आज आदमी को

हम कहाँ तलाशें।?

जहाँ लगा करते

थे मेले

वहाँ तो छाया

एक दर्द-भरा सन्नाटा।

आज आदमी को

हम कहाँ तलाशें।?

जहाँ स्वागत में

बिछी रहतीं थी आँखें

वहाँ तो आज

बँदुके उगलती हैं गोलियाँ।

आज आदमी को

हम कहाँ तलाशें।?

जहाँ छाया करतीं थीं

उनमुक्तता

वहाँ तो आज

गड़ चुकी हैं सलाखें।

आज आदमी को

हम कहाँ तलाशें।?

78---शब्द पिघलते हैं।

शब्द बेचे नहीं जाते
शब्द चुराये नहीं जाते।

बस! कभी-कभी
शब्द मौन हो जाते हैं।

किसी भोले मुखड़े को देखकर
शब्द गौण हो जाते हैं।

किसी आँखों के मोहपाश
में बँधकर
शब्द पिघल जाते हैं।

और उन पिघले हुए
शब्दों पर
एक प्यार-भरा संगीत
उभर आता है।

उसमें मेरे नाम के साथ
एक और नाम भी तो
खुद जाता है।

79---जीवितंता की कहानी।

अपना है न
बेगाना है।

यह जीवन
एक सपना है।

एक कल्पना से भी
मधुर कल्पना है।

जिसे कभी न
कभी तो
विश्व-इतिहास के
पृष्ठों पर छपना है।

और छप कर
एक कहानी
बन जाना है।

जीवन के जीवितंता
की निशानी
बन जाना है!!!

80---हिरोशिमा!हिरोशिमा!!

हिरोशिमा!हिरोशिमा!!
हम कब तक
मानव के दानव
बनने के कृत्य को
करते रहेंगे क्षमा!?

हिरोशिमा!हिरोशिमा!!
पृथ्वी से क्यों
मिटता रहा
निरीह मानवों का
नामोनिशान !?

हिरोशिमा!हिरोशिमा!!
अणु-परमाणुओं की
कालग्राही आँधी में
उड़ता रहा
मानवता का विवेक।
सिर्फ क्रु रता का नमक
रहा जमा।

हिरोशिमा!हिरोशिमा!!
विकास के नाम पर

बँजर बनती रही

यह धरा।

खो गई कहाँ

ओ! पृथ्वी की हरितिमा?

हिरोशिमा!हिरोशिमा!!

81---हिरोशिमा---नागासाकी।

हिरोशिमा---नागासाकी।
यादें अब भी/बहुत हैं बाकी।

तब नीले-आकाश ने
अपने चेहरे पर/कालिख पोत
धरती पर
जहरीला-धुँआ/बरसाया था।

जीवन को
मानव से छिना।
मानव को मौत
के लिए भी
तरसाया था।

किसने किया? क्यों किया?
और उसे क्या मिला?
बस! बरबादी का सिलसिला!
हँसती क्रुर मौत
का जलजला!!
हाय! मानव को मानव से
केवल धोखा मिला!!!

आता है एक सवाल

अब भी मेरे मन में।

किसने दिया मानव को

मारने का अधिकार??

जब वह नहीं सकता

है किसी को भी जिला!!!

82---दीप जला दो ना !!

तुम बाहर दिवाली मनाते हो
मेरे दिल में भी दिवाली कर दो ना!

अपने प्रेम की स्नेह-सिक्त बाती से
मेरे नयनों को रोशन कर दो ना!!

मेरे खुशियों के जाम को
छलकने तक भर दो ना!!!

सब कुछ छोड़ बस!
तुम मेरे साथ चल दो ना!!!!

तुम बाहर दीप जलाते हो
मेरे दिल में भी दीप जला दो ना!!!!!

83---अनुपम प्रतिकृ ति।

पृथ्वी की अनुपम प्रतिकृति

नारी तुम सँस्कृति हो।

जन-जन की जागृति हो।

युग-युग की क्रांति हो।

अन्याय के विरुद्ध आँधी हो।

इस विश्व की शान्ति हो।

प्रकृति की जीवँत प्रतिमा

नारी, तुम पुरुष की प्रकृ ति हो।

प्रेम और स्नेह की आकृति हो।

दया की प्रतिमूर्ति हो।

कवि की प्रेरणा तुम

इस जगत की स्फूर्ति हो।

वसुन्धरा की परम्परा

नारी, तुम रहस्यमयी कन्दरा हो।

जगत की तुम धूरी

गंगा-यमुना की धारा हो।

अन्त तक सहारा हो

भटकते के लिए एक किनारा हो।

मनुष्यता की अनुपम प्रतिनिधि

नारी, तुम जीवँत कलाकृति हो।

84---भोर

मानव का अंहकार
ले सकता है
कितना भयंकर आकार
यह आज हम
देख रहे साकार।

वर्षों की तपस्या
क्षण में भंग हो रही।
जीने की उमंग
खंड-खंड में
खंडित हो रही।

हम ही सही हैं
फिर गलत कौन हैं ?
इसी संघर्ष में आज
निरीह मानवता
दंडित हो रही।

हिंसा-प्रतिहिंसा का दौर
और काली-अँधेरी रात
के बाद अब
यह कैसी भोर
हो रही???

85---एक पेड़ विशाल।

जब-जब गिरता है

कोई पेड़ विशाल।

तब-तब मचता है

हाहाकार।

तभी

कालग्राही-आँधी

आती है।

लघु पेड़-पौधों को भी

उडा़ ले जाती हैं।

गह्वर भी तब

बन जाते हैं।

अनजान राही तो

पथ ही भूल जाते हैं।

मुर्झाते हैं फूल,

चुभ जाते हैं शूल।

उमड़ आते हैं

नदी के कूल।

सभ्यतायें बन जाती

हैं धूल।

मचता है असीम

हाहाकर,

जब-जब गिरता है

कोई पेड़ विशाल।

86---शिव-तांडव!!!

हवा बहो,

भड़का दो दावानल।

सूरज उगो,

सोख लो/सागरों का जल।

चन्द्र-किरणों बरसों,

पिघला दो/जीवन को।

पृथ्वी घुमो।

घुमते-घुमते

टुकड़े-टुकड़े हो जाओ।

टुट-टुट कर,

संपुर्ण ब्रह्माण्ड में

फैल जाओ।

ताकि न्याय के साथ

अन्याय का भी

अन्त हो जायें।

मानव के साथ

दानव भी मर जाये।

हे प्रकृति!

एक बार

बस एक बार

यह शिव तांडव

कर डालो।

मानव को

क्षण-क्षण के

मरण-चक्र से

मुक्ति दिलाकर,

इन्सानियत से

मरने का

गौरव दे डालो!!!

87---शब्द-व्यापार।

हम सब
शब्दों का
व्यापार
करते हैं।

दिन भर
एक-दूसरे
के सामने
इसी तरह
बेगार करते हैं।

और अपना
संपूर्ण जीवन
बस! इसी तरह
बेकार करते हैं।

हम सब
शब्दों का
व्यापार
करते हैं।

88---समय-कैद।

दिन गिरते रहे

समय की गर्त में।

सपने दबते रहे

समय की पर्त में।

कुछ चेहरे भूलते रहे

समय के संदर्भ में।

कुछ यादें अटती रहीं

समय की गर्द में।

पर फिर भी.....

आशायें जगती रहीं

समय के संसर्ग में।

और हम.....

कैद होते रहे

समय के दुर्ग में।

89---दिन जाते बीत!!!

दिन ऐसे जाते हैं बीत,
जैसे पंख फड़फड़ाते पंछी
नभ में उड़ जाते हैं।

(या कि) नींद के सफर में
मिले सुनहरे ख्वाब,
दिन के उगते सूरज से
सोख लिए जाते हैं।

(या कि) उभर कर
शून्य में विलिन हो जाता है
कोई सुमधुर गीत।

दिन ऐसे जाते हैं बीत,
जैसे कोई बहती नदी
झरना बन,न जाने
किन गहराईयों में
खो जाती हैं।

(या कि) दिन-भर की थकी
उनींदी स्प्वनीली आँखें,
कुछ क्षण रात के अंधेरे में
सो जाती हैं।

जैसे कोई जीवन

जाता है रीत

बस! दिन ऐसे जाते हैं बीत!!!

90---चलते-चलते।

चलते-चलते
थक जाते हैं लोग।

चलते रहते हैं /कुछ
थके कदमों से।

बाकी थककर ठहर
जाते हैं लोग।

ठहरे-ठहरे

जीवन की अँधेरी गलियों में
भटक जाते हैं लोग।

पा जाते हैं
कुछ भटक कर भी
सही दिशा।

बाकी सब
मर जाते हैं लोग।

91---एक हकीकत एक स्वप्न

न तुम थे कोई हकीकत
न थे कोई स्वप्न।

तब तुम क्या थे
मेरे मन की (एक) उलझन।

जितना जाना/उतना उलझा
उलझ-उलझ कर फिर
कभी न सुलझा।

सुलझ जाती तो
खत्म हो जाती उलझन।

फिर भी मन तो
करता एक प्रश्न।

जब तुम-तुम थे
तो वह कौन था???

जो न था कोई हकीकत
जो न था कोई स्वप्न।

92---तुम्हें सदा याद रखेंगे।

अब दो तुम्हारी

यादों से अलविदा।

कि तुम्हें

सदा याद रखेंगे।

कर लेगें/तुम्हारी यादों को

हृदयगंम।

अकेलेपन की घड़ियों में

तुम्हारी यादों के संग,

हँसेगें-मुस्करायेगें।

तुम्हारे संग-संग

अपने कु छ हसीं क्षणों

को भी कैद कर ले जायेगें।

अब दो तुम्हारी

यादों से अलविदा।

कि तुम्हें

सदा याद रखेंगे।

93---संगम ।

शरीर जब मजबूरी के

घेरों में/कैद हो जाता है।

आत्मा/विद्रोह कर उठती है।

और मन/उन्मुक्त नभ को

छु लेने को/तड़प उठता है।

तब, एक कविता का

जन्म होता है।

भावों में छँद का

आगमन होता है।

तब, मनुष्य हृदय और

प्रकृति का संगम होता है।

94---एक छुटा सच।

जीवन राहों में
हम मिले थे,
अलग दिशाओं
में जाने को।

अब तड़पता है मन
उस सुने पथ पर
फिर-फिर आने को।

शायद मिल जाये
एक छुटा सच,
हमारे देखे सपने
सजाने को।

फिर होगी
एक ही राह
एक ही मंजिल
पाने को।

95---छाया-कैद।

ओ फूलों !

ओ पखुँड़ियों!!

कैसे करुँ निमन्त्रण

मैं तुम्हारा स्वीकार ?

कैद हूँ मैं

अपनी पिछली

छायाओं में।

कैसे करुँ मैं

उनका प्रतिकार?

तुम झुमो।

झुमते रहो

बहती हवाओं में।

हम कैद हैं।

हमें कैद ही

रहने दो

अपनी (पिछली)

छायाओं में।

96---पन्ने इतिहास के।

यह दुनिया है एक इतिहास।

बीता इतिहास,

वर्तमान इतिहास

भविष्य का इतिहास।

और हम सब

इस इतिहास की

किताब के पन्ने हैं।

बंद पन्ने और खुले पन्ने

समय की हवा में

फड़फड़ाते पन्ने।

उखड़े पन्ने, चिपके पन्ने

समय के भंवर में फँसकर

चीथड़े-चीथड़े हो चुके पन्ने।

कुछ लिखे पन्ने

कुछ खाली रहे पन्ने।

सब तरफ बिखरे

बस पन्ने ही पन्ने।

97---कभी मैं.....

कभी मैं बडा़ हो जाता हूँ

बहुत बडा़।

कभी मैं छोटा हो जाता हूँ

बहुत छोटा।

इसी छोटे-बड़े होने के

कश्मकश के दोरान

इस दुनिया से अभय

हो जाता हूँ।

(हाँ)/कभी मैं स्वयं

हो जाता हूँ।

98---छलकी खुशियाँ।

कभी खुशियाँ इतनी

भरकर छलक जाती हैं,

न चाहते हुए भी

झोली भर जाती है।

रोम-रोम पुलकित

हो उठता है,

सुबह, शुभ्र-धवल

संध्या, सुहानी हो जाती है।

जीवन की एक

नयी शुरुआत,

एक नयी कहानी

हो जाती है।

कभी खुशियाँ इतनी

रुहानी हो जाती हैं।

99---काश! होते मेरे पंख।

काश! मेरे पंख होते,

और

मैं हवा में उड़ जाता।

नभ के नीलाभ

में खो जाता।

बहती हवाओं

झूमते पेड़ों

को खुशियों के

गीत सुनाता।

कलकल-निनाद

करती नदियों,

चुपचाप बहते

झरनों के साथ,

गुनगुनाता।

काश! मेरे पंख होते,

और

मैं हवा में उड़ जाता।

100-----निर्माण और ध्वंस।

निर्माण में ध्वंस।

ध्वंस से निर्माण।

निर्माण में निमंत्रण

दुखों से त्राण

पाने का।

स्वयं को

जान जाने का।

कुछ खो के

पाने का।

नयी आशाओं को

जगाने का।

निमंत्रण है निर्माण का

स्वयं को

ध्वंस से बचाने का।

नयी दृष्टियों से

कुछ देख पाने का।

फिर से साहस

संजोने का।

दुनिया की भीड़ में

स्वयं को खो

देने का।

ध्वंस का आमंत्रण

इस दुनिया को

फिर से सजाने का।

www.ingramcontent.com/pod-product-compliance
Lightning Source LLC
LaVergne TN
LVHW050412160726
843469LV00041B/1040

* 9 7 8 9 3 5 4 5 8 1 8 9 2 *